Caribbean Fruit Coloring and Activity Book

Copyright 2018 Yohance A. Bowen

All rights reserved.

ISBN-10: 1724662708

ISBN-13: 978-1724662705

COVER DESIGN: YOHANCE A. BOWEN

VC Productions
vcproductions1@gmail.com

Caribbean Fruit Coloring and Activity Book

Caribbean Fruits is a brief introduction to some of the tropical fruits available in many of the Caribbean islands.

Children, students, adults and especially tourists visiting the various Caribbean islands, will find this book very practical, as it is both a coloring and activities book.

Avocado

About The Fruit

Banana

About The Fruit

Barbadine

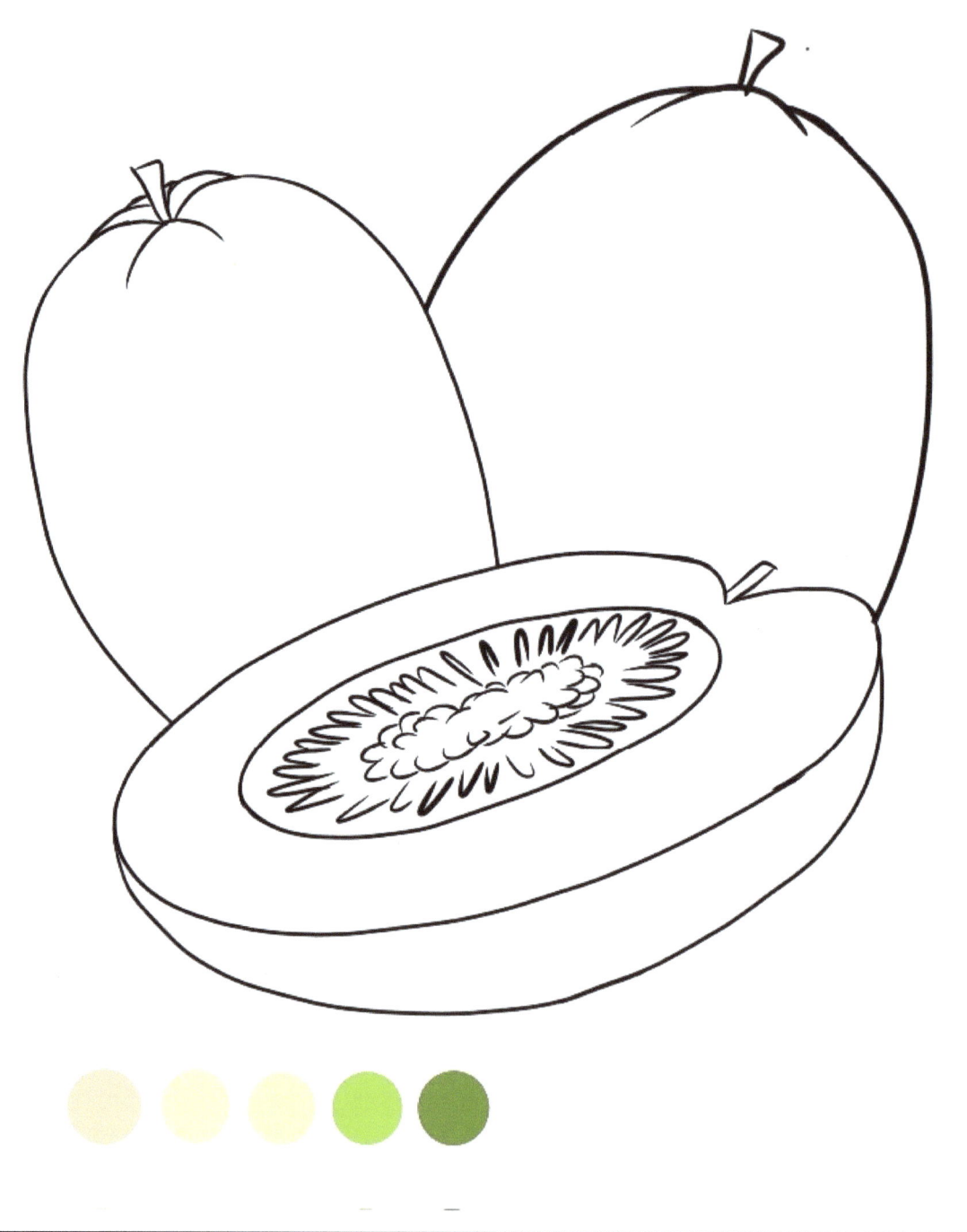

About The Fruit

Bilimbi

About The Fruit

Bread fruit

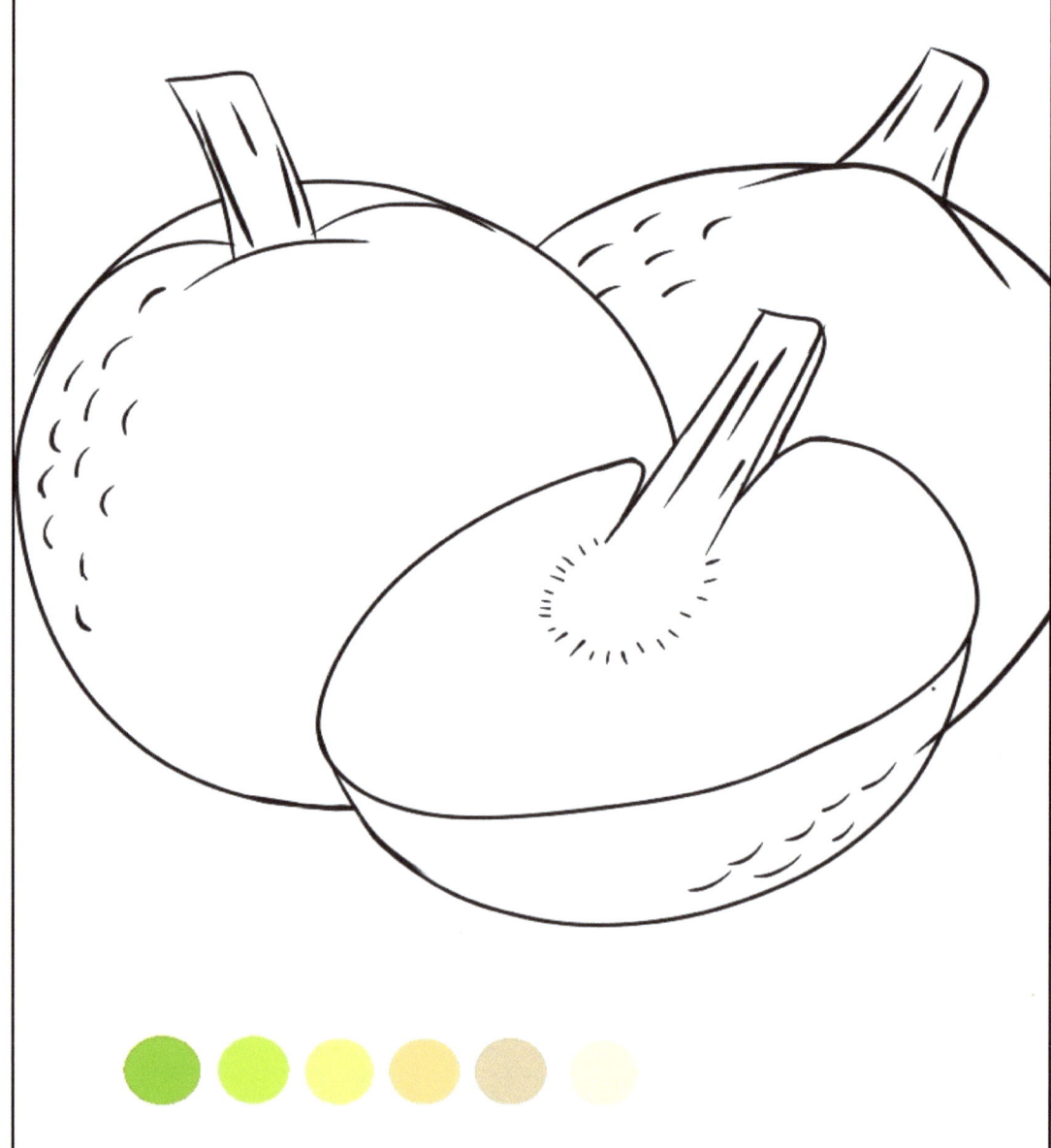

About The Fruit

Star fruit

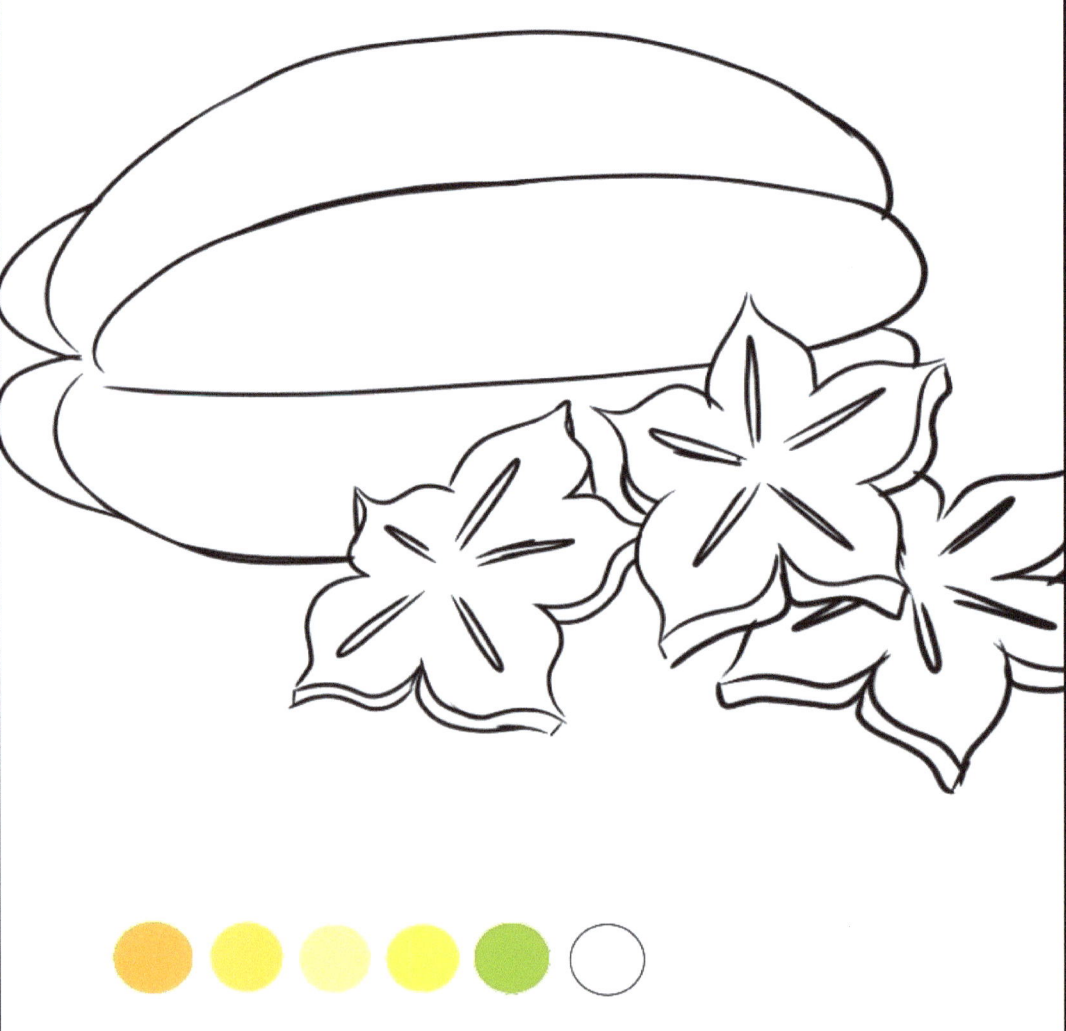

About The Fruit

Cashew

About The Fruit

Cocoa fruit

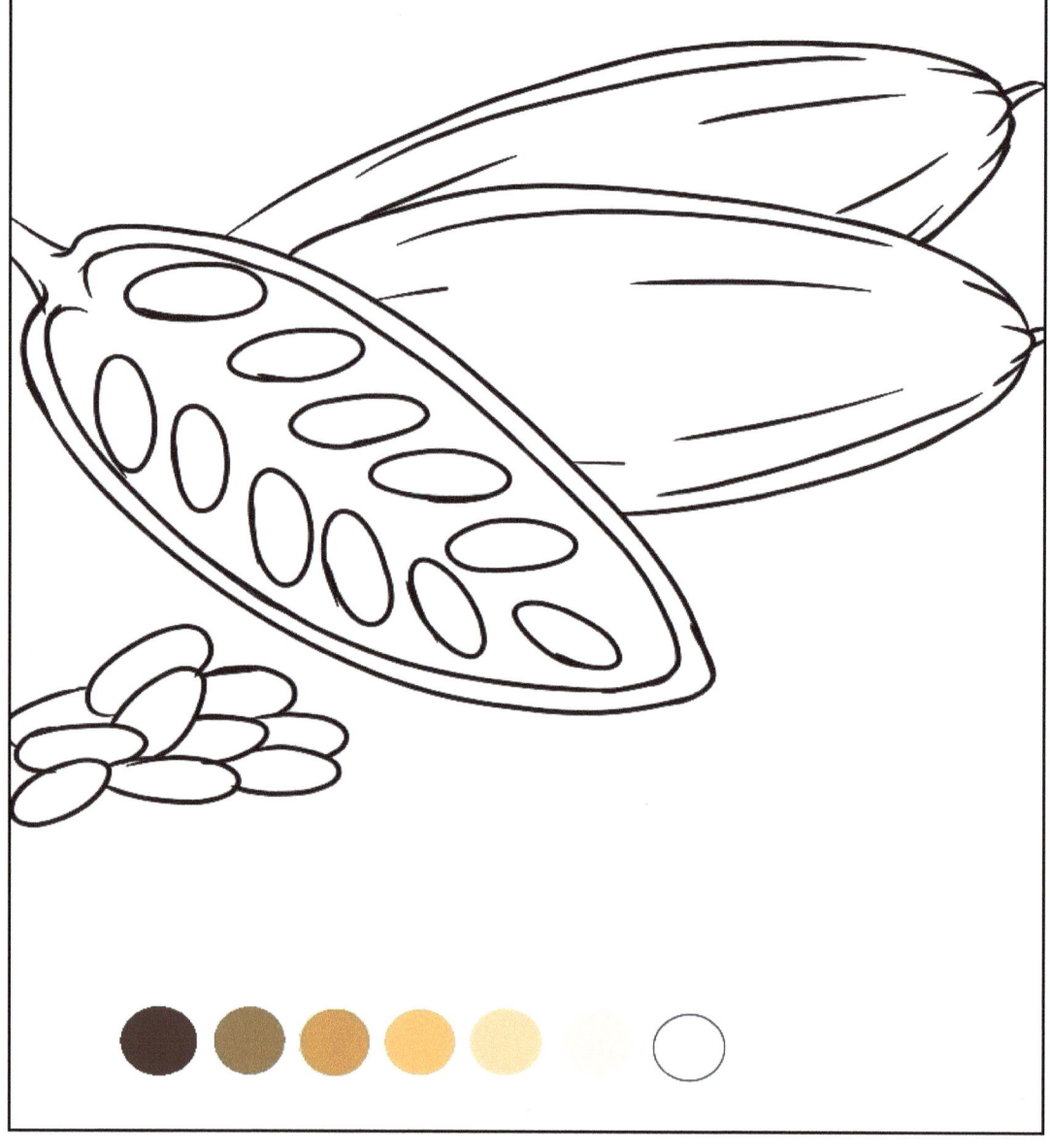

About The Fruit

Coconut

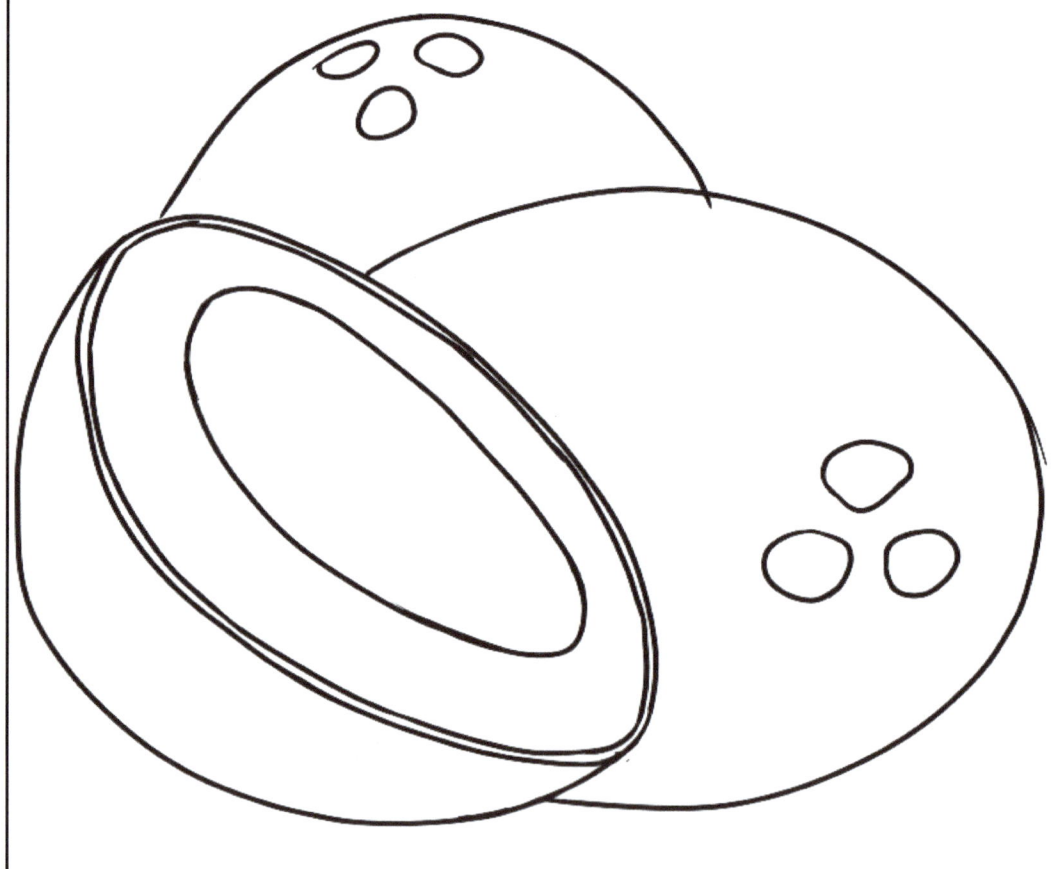

About The Fruit

Dragon fruit

About The Fruit

Guinep

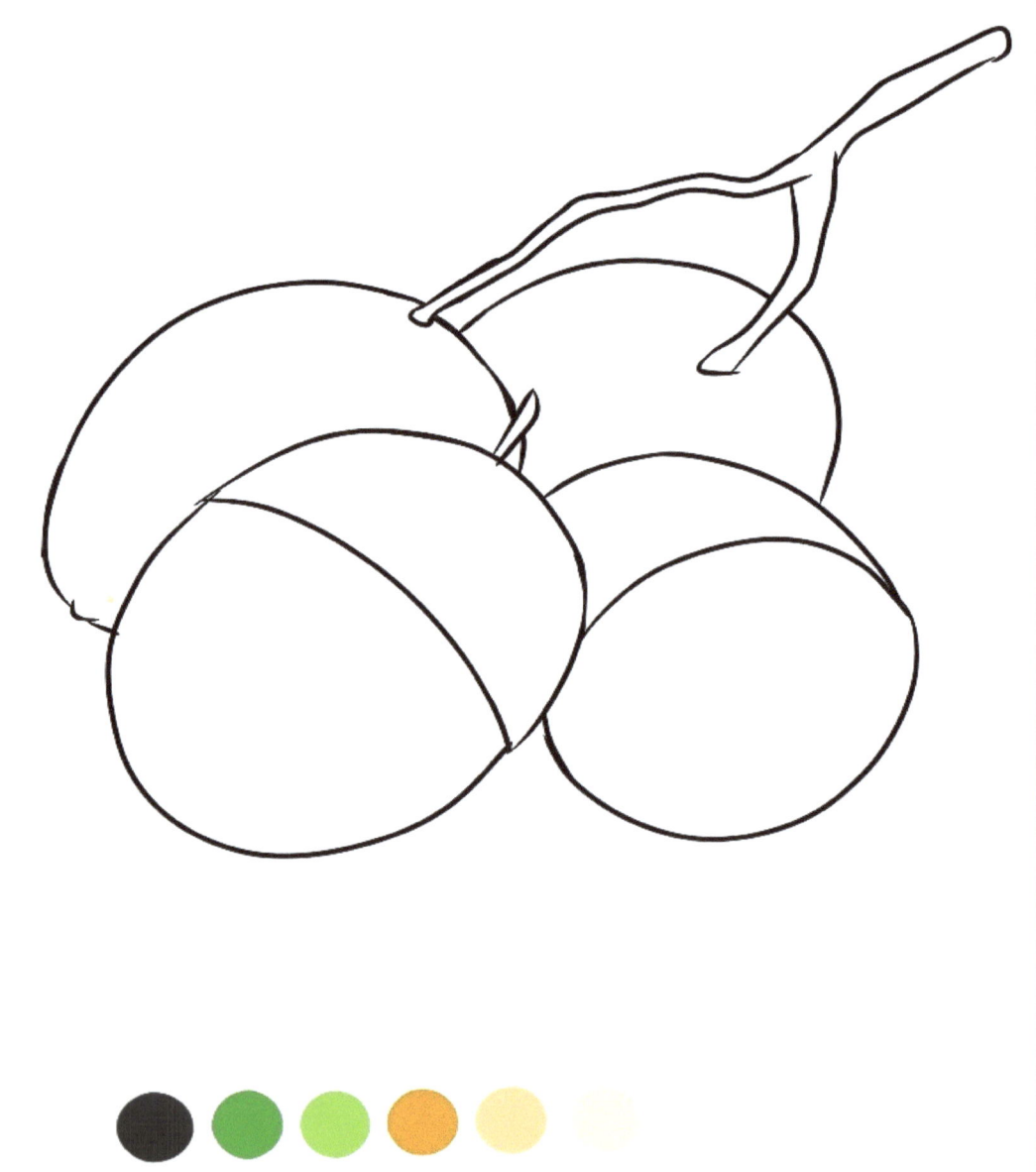

About The Fruit

Hog apple

About The Fruit

Lychee

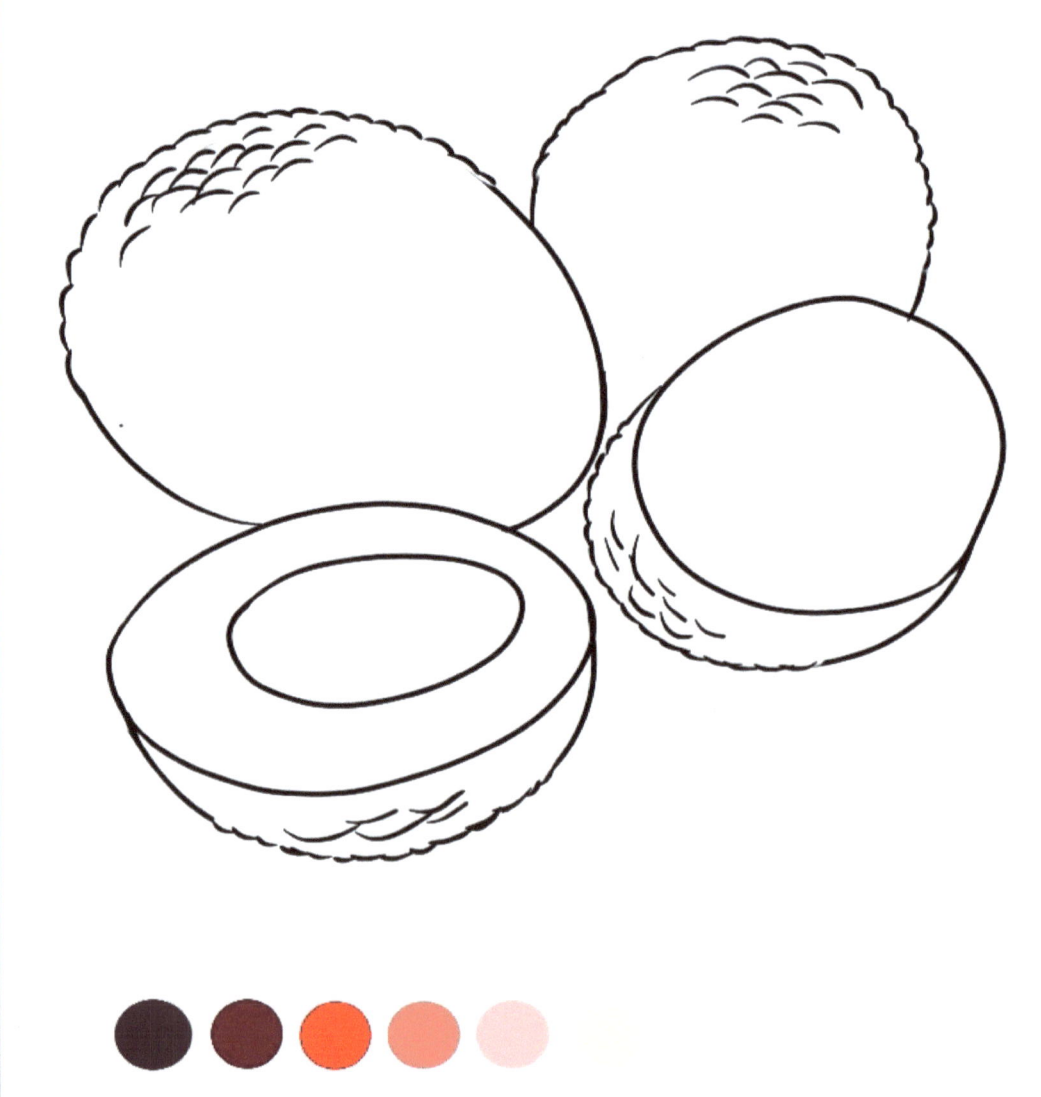

About The Fruit

Mango

About The Fruit

Noni

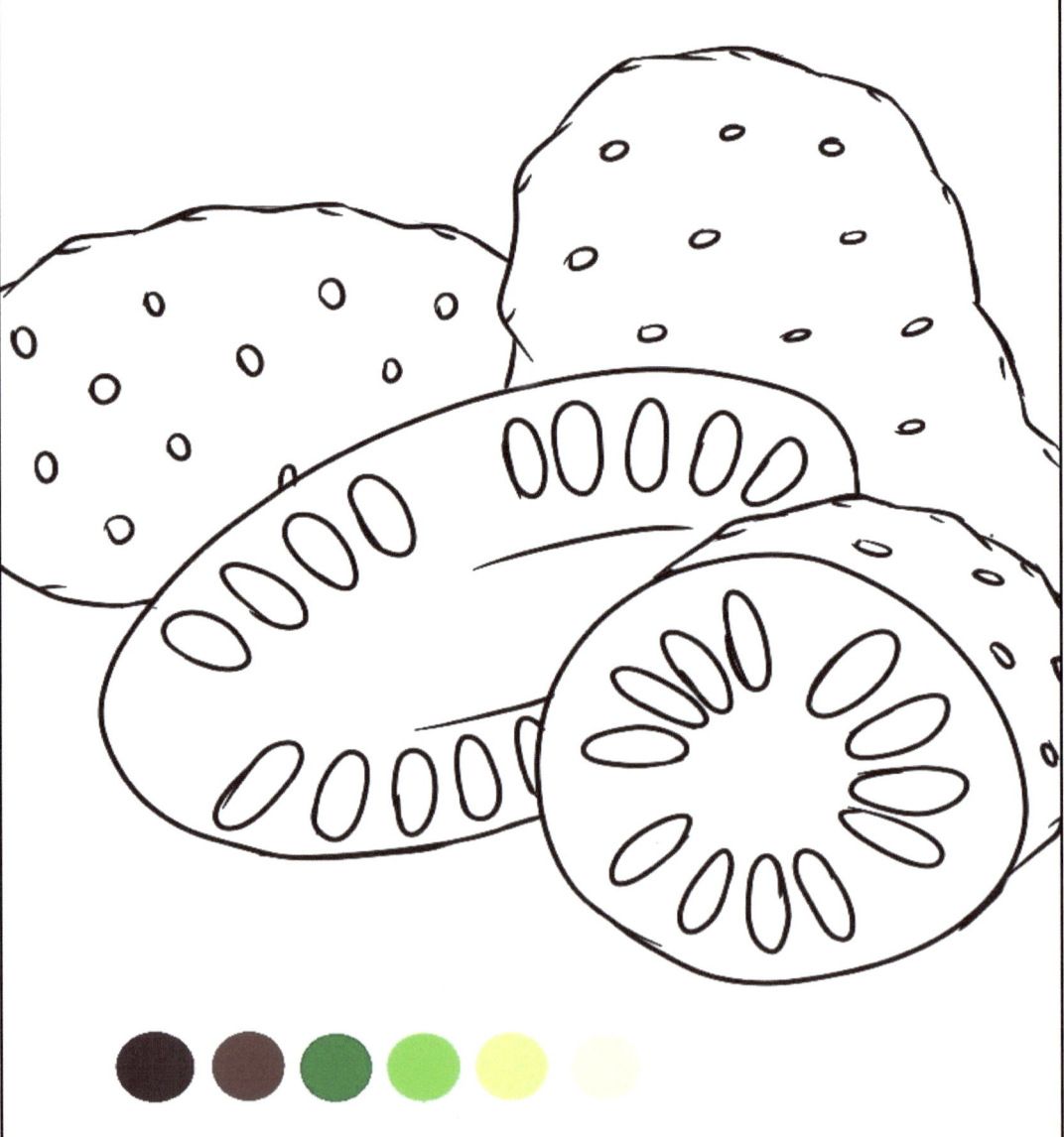

About The Fruit

Papaya

About The Fruit

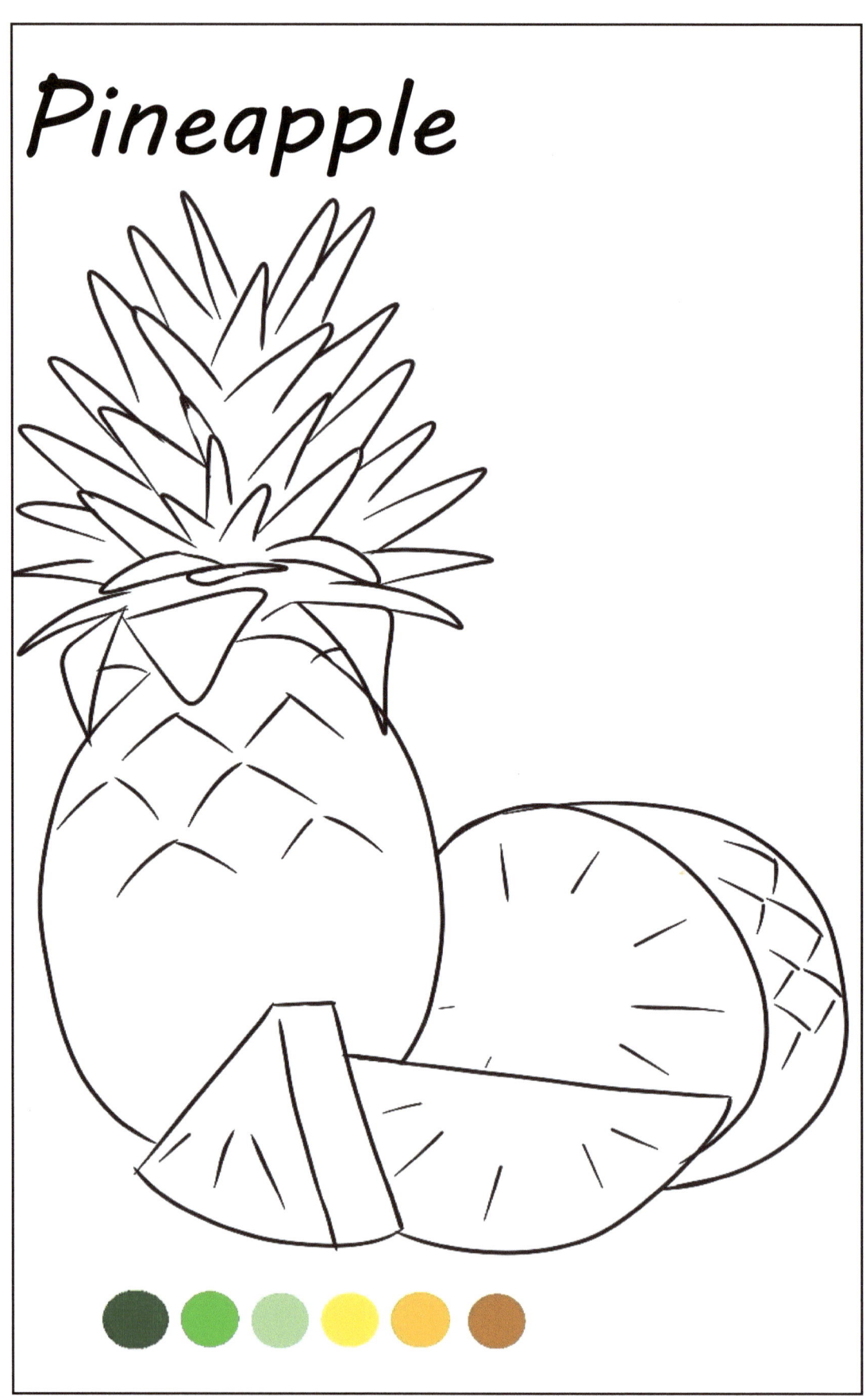

About The Fruit

Pomegranate

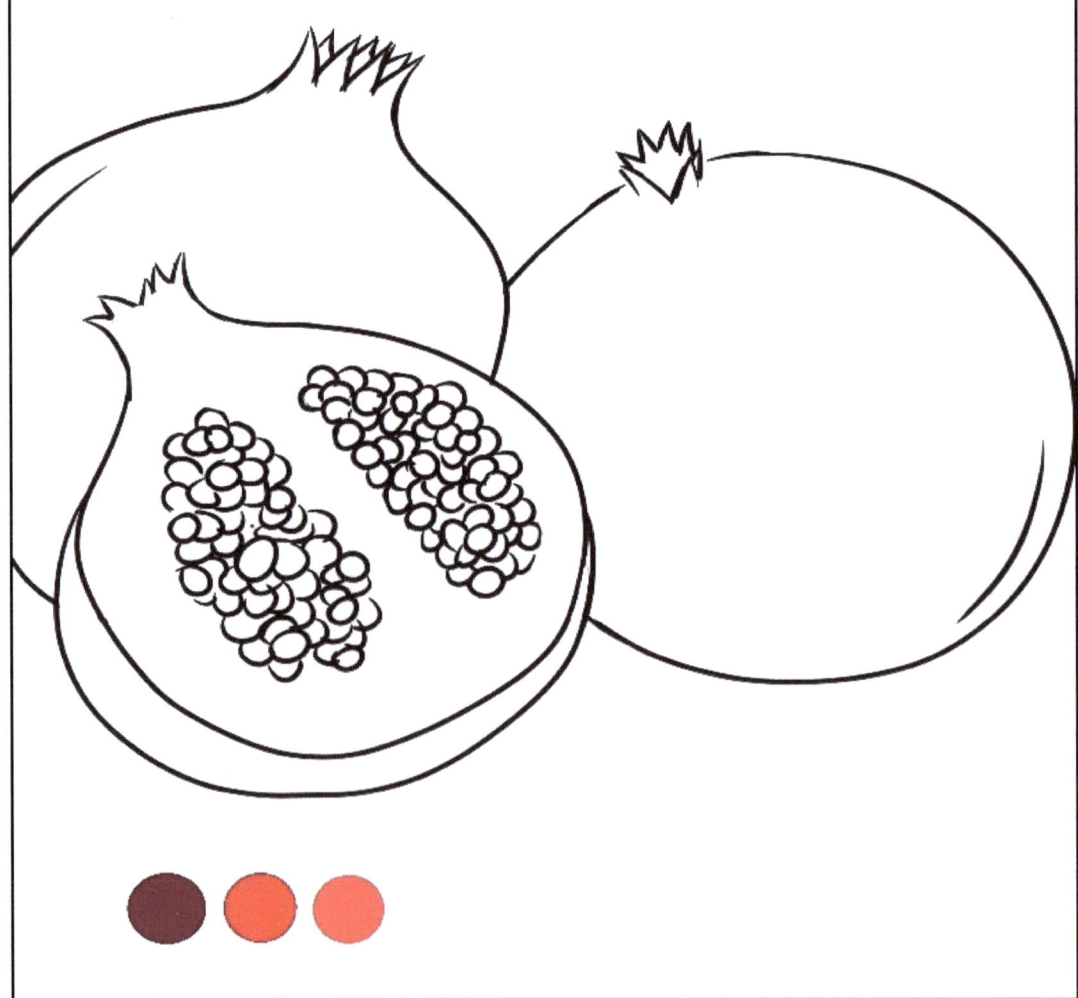

About The Fruit

Word search #1.

find all of the words of tropical fruit in the word search below

```
D C K E B O S S N Q
J W F D F I T C Z N
B I J H K F A W I X
B R E A D F R U I T
T A H I Y Z F U O R
U X R C B W R O I A
N H V B E M U X J T
O E T H A P I H U A
C B S M L D T L V G
O A F W D S I O I M
C O C O A H C N F B
Q H I G M A C V E W
L H N J D L R L U S
N E W O C B W K B R
S A N A N A B S B S
```

AVOCADO
BILIMBI
COCOA
STARFRUIT

BANANAS
BREADFRUIT
COCONUT

BARBADINE
CASHEW
FRUIT

Word search #2.
find all of the words of tropical fruit in the word

```
U V R Y A A N R X M
X A O Q Y P W P I A
P Z G A Q A P P L N
C E P X Q P T L P G
J A N S G O H I E O
P N G I N M N J L B
Q R T R U E M M E S
U H Z R A G D C E G
A U Z P D R B R H R
J N P A Q A U S C O
A L X R P N C Z Y V
E Q N O G A R D L N
F R U I T T A R O P
T N V O X E E N S P
Y U Z O B A I V T O
```

APPLE
GUINEP
MANGO
PINEAPPLE

DRAGON
HOG
NONI
POMEGRANATE

FRUIT
LYCHEE
PAPAYA

Maze 1

Help the flamingos find each other through the maze

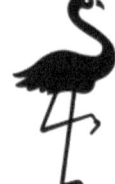

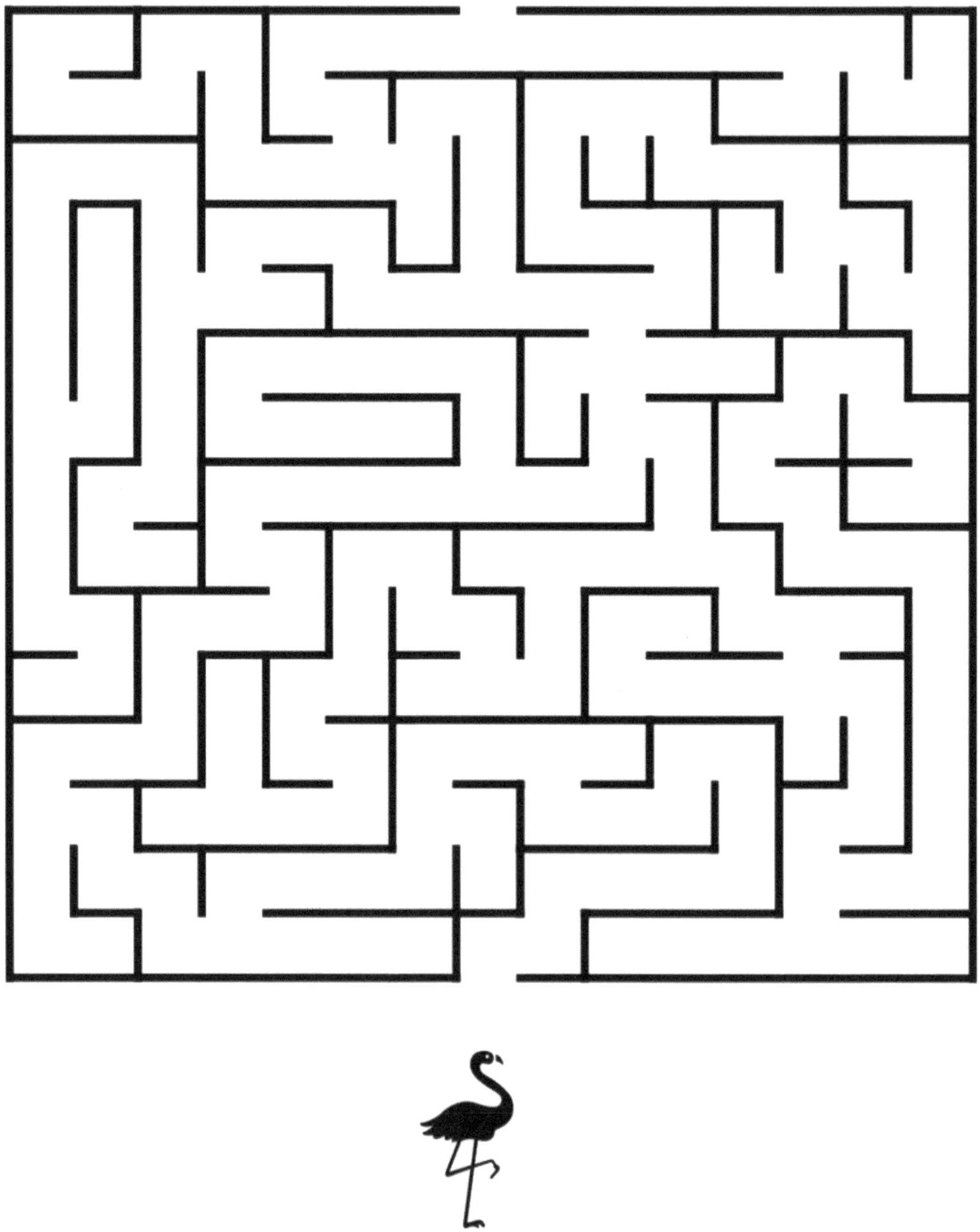

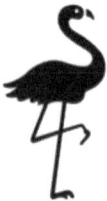

Maze 2

Help the flamingos find each other through the maze

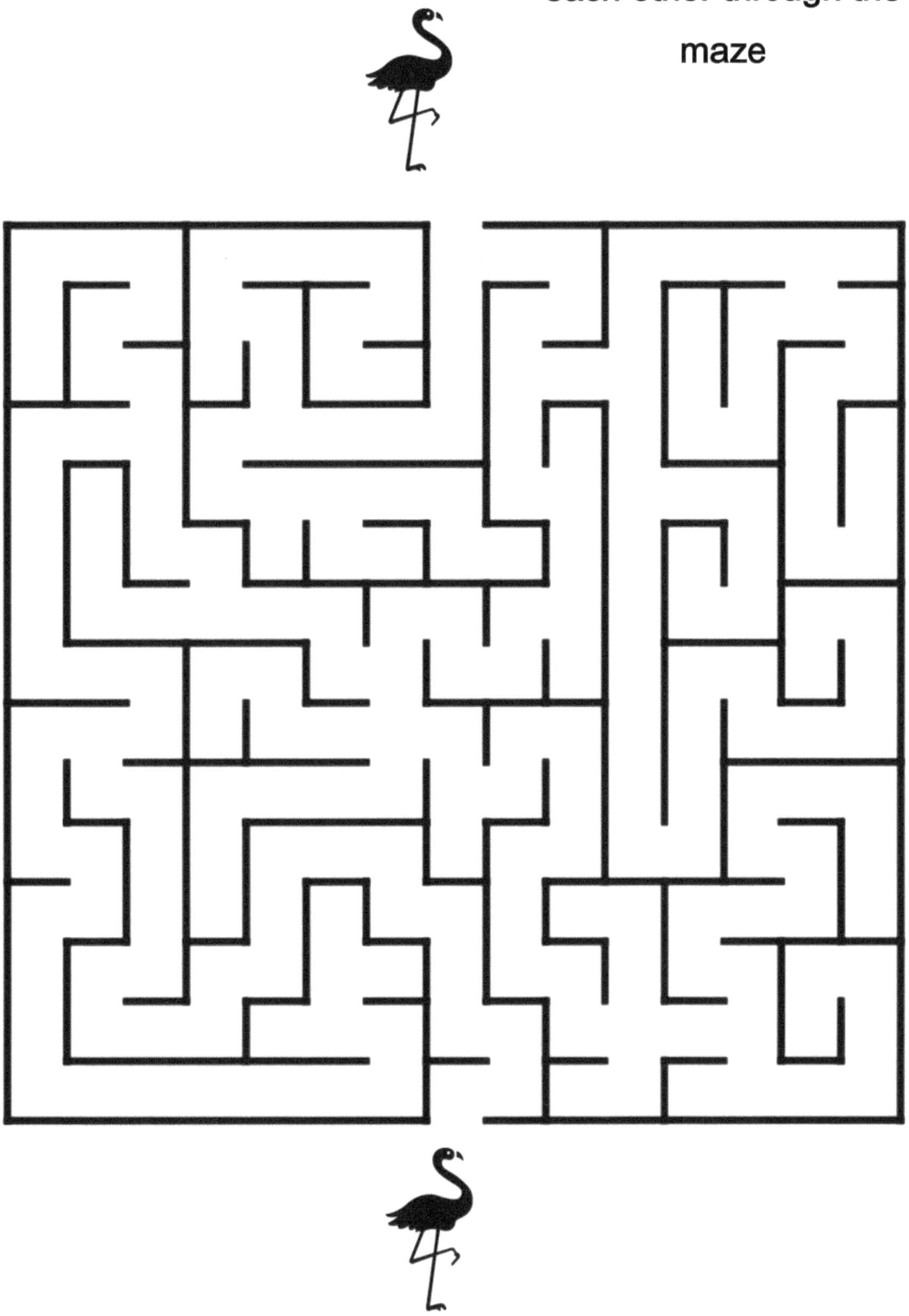

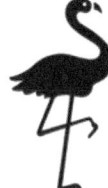

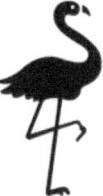

3D Cutouts

Create your own 3D tropical fruits

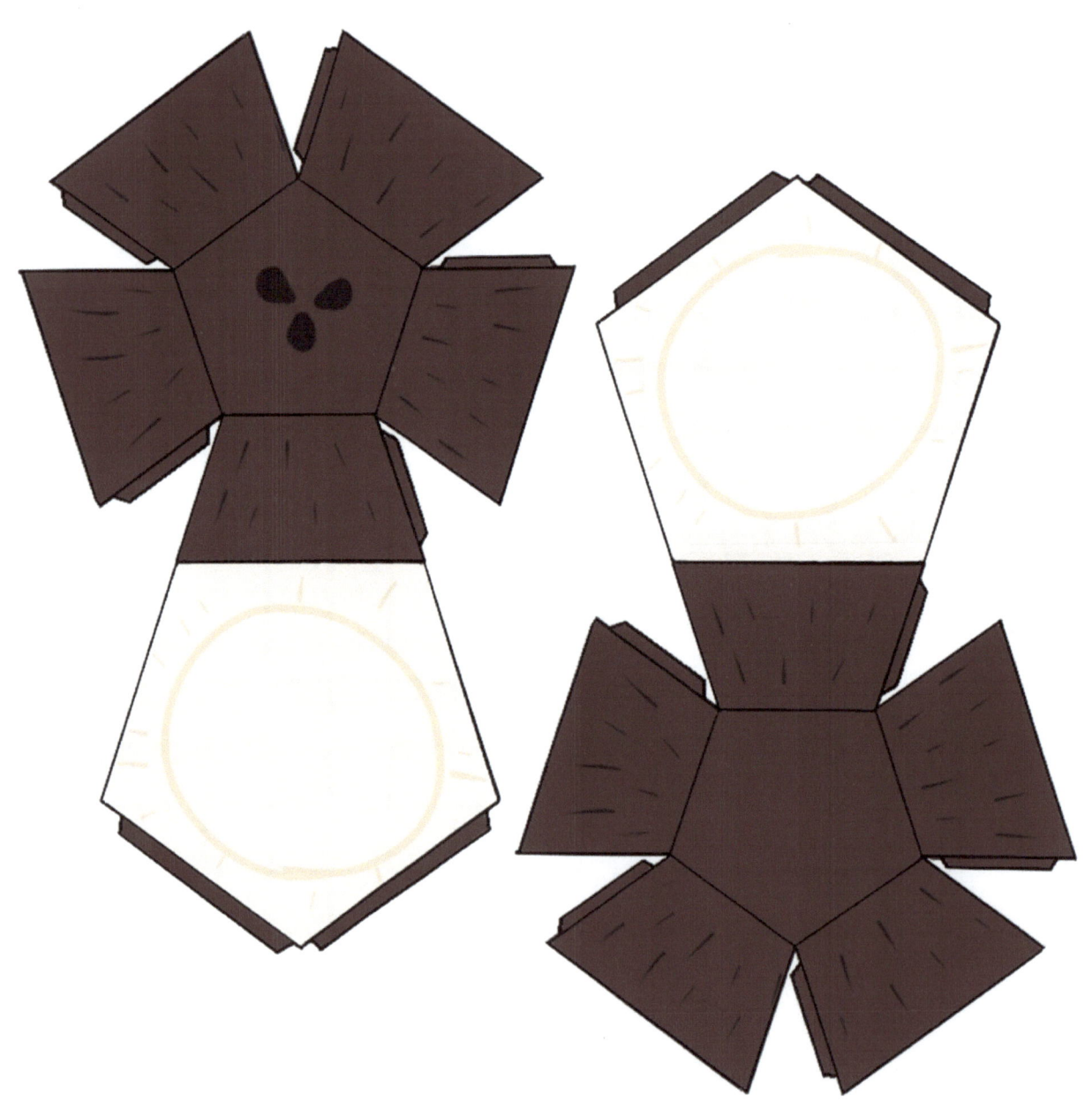

3D Cutouts

Create your own 3D tropical fruits

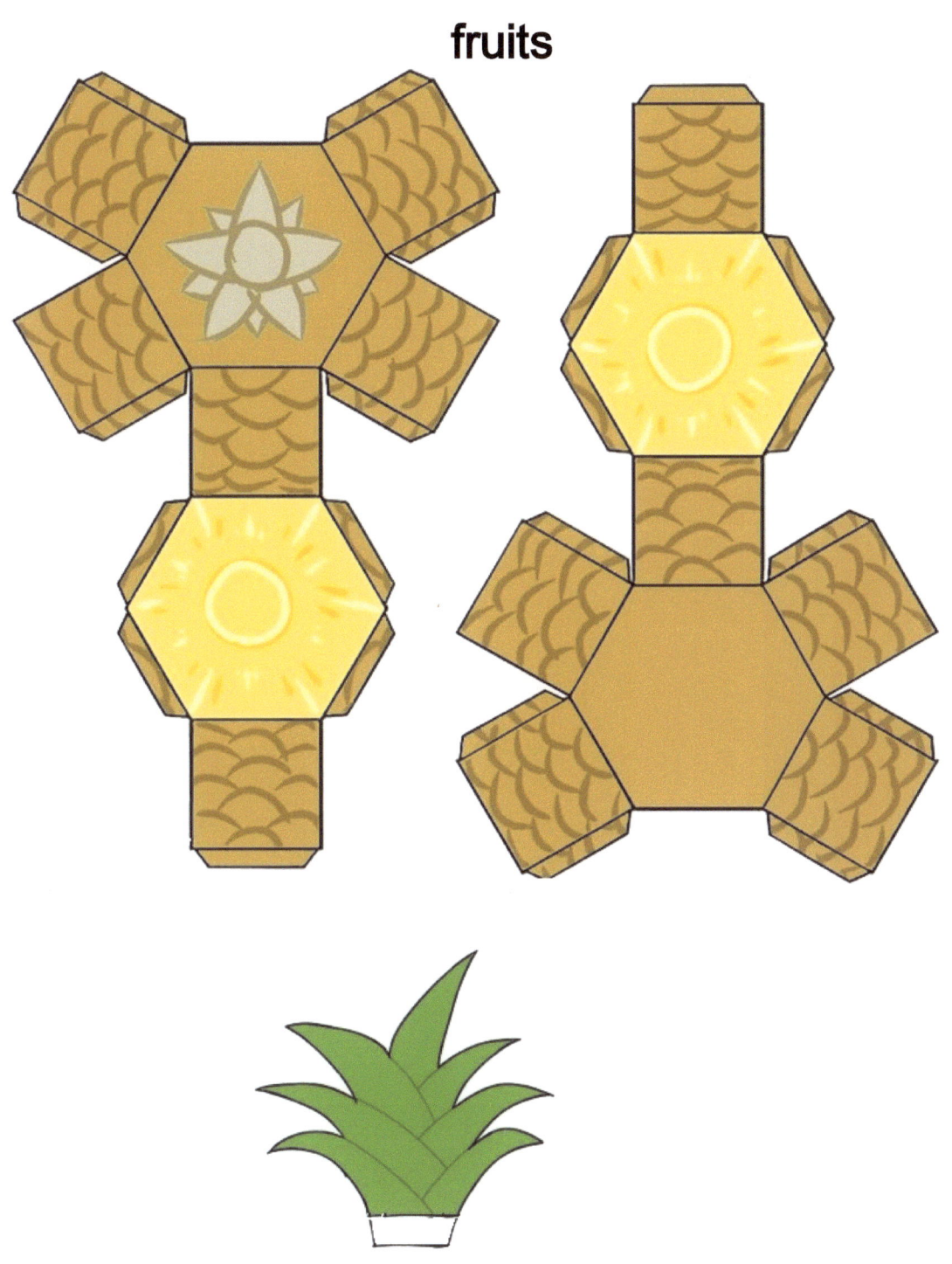

If you would like to contact the author, please send your questions or comments to:

Yohance Bowen

Email: Yohance.A.Bowen

www.ingramcontent.com/pod-product-compliance
Lightning Source LLC
Chambersburg PA
CBHW051223220526
45473CB00003B/1145